Rekru-Tier
www.rekrutier.de

„Trainieren Sie sich
im Abgreifen der Human
Resources aus anderen
Branchen!"

Rekru-Tier
MLM Trickkiste

Berater kommen lassen

Die Kunst, Menschen antanzen zu lassen

Inhalt

Vorwort

Liebe Networker, liebe Vertriebler,
bei unseren Recruiting-Tipps handelt es sich um über mehrere Jahre gesammelte Strategien und Vorgehensweisen, die wir allesamt persönlich und erfolgreich in der Praxis ausprobiert haben und von deren Gelingen wir fest überzeugt sind.

Sehen Sie unsere Ideen als Inspiration für Ihr eigenes Tun und lassen Sie sich mitreißen von neuen und erfrischenden Gedanken. Wir wissen mittlerweile aus eigener Erfahrung, dass beim Geschäftspartneraufbau in Vertrieb und MLM nicht nur Fleiß und Arbeit mittel- und langfristig zum Erfolg führen, sondern vor allem Fantasie und Vorstellungskraft sowie die Anwendung von neuen Strategien – manchmal auch von ungewöhnlichen und „bauernschlauen" Strategien!

Gerade beim Rekrutieren und Sponsern von neuen Partnern sind wir jeden Tag und immer wieder aufs Neue gefordert, denn es gibt unheimlich viele Variablen, die über Erfolg und Misserfolg entscheiden können. Der Grat zwischen Triumph und Niederlage ist ziemlich schmal, denn bei der Arbeit mit Menschen gibt es relativ wenige Standards.

5

Wer die Menschen von heute mit den Strategien von gestern oder gar vorgestern gewinnen will, wird relativ schnell an seine Grenzen kommen. Bleiben Sie deshalb ständig in Bewegung und entwickeln Sie sich mit!

Bitte beachten Sie Folgendes:
Was bei dem einen funktioniert, kann beim anderen wirkungslos bleiben.

Genau das macht das Gewinnen von neuen Geschäftspartnern so interessant und oftmals auch zu einer Herausforderung. Wir haben es bei Menschen immer wieder mit vollkommen verschiedenen Persönlichkeitstypen zu tun, Lebensumstände sind niemals gleich, Ort und Zeit einem schnellen Wandel unterlegen, und das, was gestern noch funktioniert hat, ist heute schon Schnee von gestern oder umgekehrt.

Deswegen müssen wir immer wieder „unsere Säge" schärfen, über den Tellerrand hinausblicken und vor allem in der Praxis TUN und ausprobieren, was zu uns passt!

Und es gibt noch einen sehr wichtigen Aspekt, vielleicht sogar den wichtigsten, den Sie sich bei Ihrer Arbeit immer wieder vor Augen halten müssen.

Beim Rekrutieren und Sponsern entscheidet nicht die angewandte Methode darüber, ob etwas funktioniert oder nicht, sondern der- oder diejenige, die sie kontinuierlich und mit Überzeugung anwendet.

Wir wünschen Ihnen von ganzem Herzen, dass Sie mit unserer Hilfe eine Recruiting-Strategie finden, die zu Ihnen passt, mit der Sie sich identifizieren können und die Sie erfolgreich im Tagesgeschäft anwenden werden!

Kontaktstark grüßt Sie
Ihr Rekru-Tier

Wie man wertvolle Kontakte knüpft

Wir alle kennen den guten alten Spruch: *Warum in die Ferne schweifen, wenn das Gute liegt so nah!*

Diese gute alte Binsenweisheit möchte ich ein wenig abwandeln und Ihnen zurufen: *Warum aus dem Hause gehen, wenn man potenzielle Geschäftspartner auch zu sich bestellen kann!*

Die Devise lautet:
ANTANZEN LASSEN!

Was damit gemeint ist, möchte ich im Folgenden erläutern und Sie wieder einmal ermuntern, alle Register zu ziehen und alle sich bietenden Möglichkeiten zu nutzen, um mit interessanten Menschen ins Gespräch zu kommen.

Ohne lange um den heißen Brei herumzureden, möchte ich Ihnen an dieser Stelle vor Augen führen, dass Ihr Erfolg als Networker oder Vertriebler in hohem Maße davon abhängig ist, wie viele Menschen Sie nach der professionellen Bearbeitung Ihrer persönlichen Namensliste und der „Versorgung"

MLM war, ist und bleibt
ein Kontaktgeschäft!

Ihres „warmen Umfeldes" *neu* kennenlernen und von Ihren Produkten und / oder Ihrer Geschäftsvision begeistern!

Die Frage ist, mit wie vielen Menschen reden Sie über Ihr Business, über Ihre Möglichkeiten, über Ihre Produkte und Ihre Visionen.

MLM war, ist und bleibt ein Kontaktgeschäft, und der Blick in die Vergangenheit zeigt, dass unmittelbare Zusammenhänge zwischen Erfolg und der Anzahl an qualitativ hochwertigen Kontakten bestehen.

Bei Menschen, die über ein großes Netzwerk an qualitativ hochwertigen Kontakten verfügen, steigen die Chancen auf geschäftlichen Erfolg überproportional an.

Die Faustformel lautet:
Wenige Kontakte von geringer Qualität bedeuten niedrige Aussichten auf Erfolg. Viele Kontakte von hoher Qualität bedeuten bessere Aussichten auf Erfolg.

Der Tisch der Erfolgsmöglichkeiten ist reich gedeckt, aber wie immer nur für diejenigen, die kreativ sind, die neue Wege gehen und auch bereit sind, bisher

Trainieren Sie sich im Abgreifen der Human Resources aus anderen Branchen!

ungenutzte, vielleicht sogar unübliche Methoden zum Erreichen Ihrer Ziele auszuprobieren.

Manchmal muss man sich einfach nehmen, was einem zusteht!

Die Frage ist, wo denn nun die „Human Resources", die Talente und Kandidaten stecken, die Sie möglichst schnell ans Ziel Ihrer Träume bringen? Wie kommt man rasch und vor allem kostengünstig zu Gesprächen mit Menschen, die eventuell schon wegen ihrer eigenen beruflichen Herkunft eine gewisse Affinität zu Network-Marketing oder Vertrieb mitbringen?

Ich meine hierbei insbesondere Menschen, die in Berufen arbeiten, die dem des Networkers schon sehr nahe stehen. Leute, die ein gutes Kommunikationsvermögen haben, bereits gute vertriebliche Grundkenntnisse besitzen, die es gewohnt sind, Produkte zu präsentieren und die schon von Berufs wegen großen Spaß daran haben, unterwegs zu sein und Überzeugungsarbeit zu leisten.

Die Antwort ist wie so oft sehr einfach und liegt auf der Hand. Suchen Sie in Branchenbüchern, im Internet oder in sozialen Netzwerken nach Handelsvertretern, Verkäufern, Vertretern oder Beratern aus den unterschiedlichsten Branchen.

Kontaktieren Sie diese und zeigen Sie Interesse für deren Produkte, um mit ihnen ins Gespräch zu kommen.

Sie verstehen nicht, was ich meine? Ich erkläre es Ihnen einmal in der Theorie. Tun Sie doch einfach so, als wären Sie der Manager oder die Managerin einer großen Arztpraxis mit sehr hoher Patientenfrequentierung.

Ihr Chef gibt Ihnen den Auftrag, für das Wartezimmer der Praxis einen Wasserspender zu kaufen, dafür mehrere Angebote einzuholen und sich verschiedene Systeme vorführen zu lassen!
Vielleicht sind Sie aber auch ein selbstständiger Unternehmer, der für ein Schulungsbüro einen Kaffeeautomaten mit nachlieferbaren Kaffeepads anschaffen möchte.

Was werden Sie nun tun? Ganz richtig, Sie schlagen die „Gelben Seiten" oder das Stadtbranchenbuch auf, recherchieren im Internet die Anbieter von Wasserspenderanlagen oder Kaffeeautomaten und deren Kontaktdaten, schwingen sich an Ihr Telefon und rufen die Hersteller dieser Anlagen oder deren Vertreter / Gebietsrepräsentanten an.

Werden Sie zum Headhunter!

Sie sagen:

Hallo, XY mein Name, ich habe Interesse an einer Anlage von Ihnen, können Sie mir bitte einen Vertreter / Außendienstler Ihres Unternehmens schicken, der mir Ihr System / Gerät vorführt und ein entsprechendes Angebot für uns erstellt.

Das ist schon alles. Da es mit Sicherheit in Ihrer Region nicht nur einen Anbieter von solchen Anlagen gibt und da Sie natürlich Vergleichsangebote benötigen, rufen Sie auch bei den anderen Anbietern an und tragen dort Ihr Anliegen vor.

Als angestellte Praxismanagerin oder angestellter Praxismanager würden Sie sich wahrscheinlich auf drei Angebote beschränken, weil es Ihnen ja tatsächlich um den Kauf einer solchen Anlage geht.
Dies gilt aber nicht für Sie als cleverer Networker oder Vertriebler. Vielleicht brauchen ja auch Sie für Ihr Büro / Office oder Schulungszentrum einen solchen Wasserspender. Ich gehe jedoch an dieser

Denken Sie groß und seien Sie sicher: Wenn Sie es nicht tun, dann macht es ein anderer!

Stelle davon aus, dass es Ihnen noch viel wichtiger ist, die Außendienstler, Vertreter oder Berater kennenzulernen, die solche Produkte vertreiben. Diese Menschen könnten nämlich für Ihren eigenen beruflichen Erfolg im Network-Marketing von großer Bedeutung sein.

Deswegen werden Sie, wenn Sie schlau sind, nicht nur drei Vertreter kommen lassen, sondern zehn oder mehr! Vielleicht sogar so viele, wie in Ihrer Region ansässig sind. Wenn Sie diese Vertreter terminiert haben, dann werden Sie die Vertreter aus Ihrer benachbarten Stadt kommen lassen und dann die aus der nächsten, die aus der nächstgrößeren und so weiter.

Schauen Sie doch einfach mal, wie weit Sie kommen und wie viel Potenzial in Ihrer Stadt/Region vorhanden ist. Wenn Sie damit fertig sind, können Sie in aller Ruhe dazu übergehen, die Vertreter z. B. anderer Wasserspenderfirmen, Erfrischungsgetränkevertreter oder vielleicht die Repräsentanten von Unternehmen, die Kaffeemaschinen/-automaten verkaufen, zu terminieren.

Vielleicht kommen sogar Aufsteller von Süßigkeitenautomaten oder andere Dienstleister wie Personal Trainer aus der Fitnessbranche infrage. Bitte sagen Sie an dieser Stelle nicht, dass es bei Ihnen kein Potenzial gibt. Ich habe mir die Mühe gemacht, für jede Stadt mit annähernd 100 000 Einwohnern im Vorfeld zu recherchieren. Das Ergebnis meiner Recherche ist, dass Sie 100 Jahre bräuchten, selbst wenn Sie vorher ganz streng selektieren und sich wirklich nur mit den interessantesten und den sympathischsten dieser Kollegen und Kolleginnen treffen würden. Auch das Argument, was passiert, wenn alle Networker so vorgehen würden, möchte ich an dieser Stelle kurz entkräften:

Menschen sind träge! Es machen nicht alle!

Von der letztgenannten Berufsgruppe der Personal Trainer gibt es in jeder mittelgroßen Stadt Dutzende Kollegen, die nur darauf warten, von fitnessinteressierten und abnehmwilligen Menschen kontaktiert zu werden. Sie sind gerne bereit, mit Ihnen ein Probetraining durchzuführen oder in einem ersten Kennenlerngespräch ein paar ihrer Ernährungsweisheiten kostenlos an den Mann oder die Frau zu bringen.

An dieser Stelle schon einmal ein kleines Rechenbeispiel, um Ihre Vertriebsfantasie ein wenig anzuregen. In einer Großstadt wie München oder Hamburg lassen sich mit wenigen Klicks im Internet Heerscharen von Personal Trainern oder Fitnesslehrern ausfindig machen. Wenn Sie nun zehn dieser Kollegen kontaktieren, sollte es Ihnen möglich sein, bei sieben ein kostenloses Probetraining zu ergattern.

Angenommen, Sie wollen das Notwendige (nämlich selbst wieder einmal ein bisschen Sport zu machen und sich zu bewegen) mit dem Gewinnbringenden (nämlich potenzielle Kandidaten für Ihr Business kennenzulernen) verbinden, dann spricht doch nichts dagegen, sich in den nächsten zwei Monaten jeweils am Montag, Mittwoch und Freitag mit einem „Fitnessfachmann" oder einer Personal Trainerin zu verabreden, sich für deren Dienstleistung zu interessieren und gleichzeitig die „müden Glieder" ein wenig zu schwingen!

Das erste Telefonat könnte sich ungefähr so anhören:

Hallo, Herr / Frau XY,
mein Name ist … und ich würde gerne in Zukunft ein wenig Fitness machen und einen Personal Trainer engagieren. Damit ich einen besseren Überblick bekomme, führe ich gerade ein paar Gespräche mit Kollegen aus der Branche und habe Interesse an einem Probetraining …! Wann ist es denn für Sie

möglich, dass wir uns einmal persönlich kennenlernen und eine Probeeinheit durchführen ...?

Etc., etc.!

Angenommen, Sie ziehen dieses Programm zwei Monate durch, dann haben Sie am Ende 24 Gratiseinheiten erhalten und 24 tolle, dynamische Menschen neu kennengelernt. Nach diesen zwei Monaten werden Ihre körperliche Leistungsfähigkeit und Ihr Wissenstand zum Thema gesunde Ernährung und Lebensführung wesentlich besser sein als vorher. Außerdem sollte es Ihnen möglich sein, im Nachhinein von diesen 24 Personal Trainern mindestens die Hälfte, also zwölf, für eine Geschäfts- oder Produktpräsentation zu terminieren.

Ich gehe davon aus, dass Sie mit etwas Geschick und je nach Branche von diesen zwölf mindestens zwei bis drei Kollegen für Ihr Produkt und/oder Ihre Geschäftsidee gewinnen werden.

Aus meiner Sicht kann sich das Ergebnis dieser Unternehmung durchaus sehen lassen. Das Motto lautet: **Fit in zwei Monaten und gleichzeitig zwei bis drei neue Geschäftspartner gewonnen.** Deshalb kann man diese Aktion wohl auch unter der Rubrik „intelligentes Arbeiten" einordnen.

An diesem Beispiel sehen Sie, wie einfach es sein kann, clever zu arbeiten. Seien Sie fantasievoll, interessieren Sie sich für die unterschiedlichsten Produkte und Dienstleistungen und setzen Sie sich keine gedanklichen Schranken.

Ich möchte an dieser Stelle anmerken, dass ein solches Vorgehen eine schöne Ergänzung zum Tagesgeschäft darstellen kann. Sie vereinbaren so zusätzliche Gesprächstermine und lernen neue, interessante Menschen kennen. Es sollte allerdings nicht der einzige Weg sein, den Sie beschreiten, um mit neuen Leuten in Kontakt zu kommen. Mit Sicherheit aber ist er eine sinnvolle Alternative.

Mein Spruch zu diesem Thema lautet immer:
Mach dich unabhängig von einseitigen und limitierenden Strategien und Vertriebswegen und sorge dafür, dass du Alternativen kennst, um neue potenzielle Geschäftspartner kennenzulernen!

Wahrhaft unabhängig sind in meinen Augen nur die Networker und Vertriebsleute, die Alternativen kennen und natürlich auch nutzen.

Devise:

Ran an den Speck,

ran an die Menschen!

Das erste Gespräch

Das Schöne an dieser Strategie ist, dass Sie in den vereinbarten Gesprächen nicht nur Menschen kennenlernen werden, die für Ihr Business geeignet sein könnten, sondern Sie schlagen sogar noch eine zusätzliche Fliege mit derselben Klappe.

All diese Menschen, die Sie zu sich bestellen, werden das Bestreben haben, Sie von ihren Produkten zu überzeugen oder von ihrer Dienstleistung zu begeistern. Konkret heißt das, dass jeder dieser Vertreter eine Strategie hat, um Sie zum Kunden zu machen.

Ich rufe Ihnen an dieser Stelle zu:
Lernen Sie von diesen Menschen, kopieren Sie deren Verkaufstaktik, adaptieren Sie die Dinge, die Ihnen persönlich gut gefallen. Übernehmen Sie die Strategien oder die Verhaltensweisen, die Ihnen am besten gefallen, und nutzen Sie diese für sich selbst!

Ich persönlich achte bei jedem Kontakt mit einem Verkäufer darauf, dass ich von ihm etwas lernen kann! Ich beobachte sehr intensiv die Gesprächsführung, die Argumentation oder wie mit Einwänden

*Man muss mit Augen
und Ohren mausen,
wo man nur kann!*

umgegangen wird. Interessant ist natürlich auch, welche Tricks und Kniffe er/sie einsetzt, um mich zu überzeugen.

Wenn im Vertriebsalltag kurzfristig bereits vereinbarte Termine ausfallen, wenn schlechtes Wetter ist oder andere Freiräume entstehen, kann man die Zeit sinnvoll für Gesprächstermine mit Vertretern, Außendienstlern oder Beratern aus anderen Branchen nutzen.

Es geht doch am Ende darum, die plötzlich frei gewordene Zeit nicht ungenutzt verstreichen zu lassen. Die hohe Schule des Vertriebs liegt nämlich darin, sich selbst immer wieder mit Arbeit zu versorgen und sicherzustellen, dass die Aktivitäten, die Einkommen produzieren, niemals abreißen.

Wer Zeit vertrödelt, verschenkt Leben!

Nun kommen wir zur konkreten Strategie, nach der Sie vorgehen sollten, wenn Ihnen die Vertreter verschiedener Unternehmen Ihre Produkte vorführen.

Entgegen dem eigentlichen Naturell eines Vertrieblers lautet die oberste Regel bei dieser „neuen"

Vorgehensweise, dem jeweiligen Repräsentanten beim ersten Kennenlernen **kein** geschäftliches Angebot zu machen und auch noch nicht über die eigenen Produkte oder die Geschäftsidee zu sprechen.

Das wäre in diesem Moment unpassend und plump. Ein Arzt würde sagen, das ist kontraindiziert! Denken Sie daran, Sie haben diesen Vertreter zu sich bestellt, um etwas über seine Produkte und Dienstleistungen zu erfahren.

Das erste Gespräch beziehungsweise Kennenlernen dient ausschließlich dazu, sich aus vollem Herzen für das angefragte Produkt oder die Dienstleistung des Beraters zu interessieren und ein gutes persönliches Verhältnis zu diesem Menschen aufzubauen.

Nutzen Sie diesen Termin und analysieren Sie die Vorgehensweise und Gesprächsführung des Vertreters. Achten Sie darauf, ob er in dem, was er tut, gut ist. Ist er ein guter Berater oder gar Verkäufer, ist er fachkompetent und kommunikativ, und vor allem, beherrscht er sein Handwerkszeug?

Entscheidend ist, dass in diesem Gespräch die Wellenlänge stimmt und dass Sie als Networker möglichst viele Informationen über die derzeitige berufliche Situation, vielleicht sogar allgemein über die aktuellen Lebensumstände dieses Beraters herausfinden.

Die Devise lautet:
Bekunden Sie wahrhaftes und ehrliches Interesse an seiner Person, seiner Branche und seiner Dienstleistung.

Stellen Sie möglichst viele Fragen, um eventuelle Motive herauszufinden. Erkundigen Sie sich nach Interessen und Hobbys, versuchen Sie zu ergründen, wie die Familienverhältnisse sind, und vor allem, ob er/sie zufrieden mit dem aktuellen Job ist.

Zu guter Letzt stellen Sie sich bitte selbst die Frage, ob Sie sich grundsätzlich vorstellen könnten, mit diesem Menschen geschäftlich zusammenzuarbeiten. Könnte zwischen Ihnen die Chemie stimmen oder sagt Ihr Bauch eher Nein?

Wie schon gesagt, dieses erste Kennenlernen ist lediglich ein Vorbereitungsgespräch und dient als Filter, um zu testen, ob eine spätere Ansprache auf Ihr Geschäft Sinn ergibt oder nicht!

Je unzufriedener der Gesprächspartner, desto höher die Bereitschaft, etwas zu ändern!

Nachfolgend ein paar Fragen, mit denen Sie recht schnell herausfinden können, wie es um die aktuelle berufliche Situation des Vertreters bestellt ist, ob Ihr Gesprächspartner zufrieden ist mit dem, was er tut, oder nicht!

Natürlich muss auch angemerkt werden, dass das Letztere für Sie der ideale Zustand wäre, denn wenn Menschen mit ihrer aktuellen Situation oder den aktuellen Lebensumständen *nicht* zufrieden sind, wir sagen auch, wenn sie *auf der Suche* sind, dann sind sie eher offen für Veränderungen respektive Verbesserungen oder neue berufliche Herausforderungen, Zusatzverdienste oder dergleichen.

Anbei einige von mir ausgewählte Fragen an Ihre(n) Gesprächspartner(in):

? Wie lange arbeiten Sie schon in dieser Branche?

? Was haben Sie vorher gemacht?

? Wie entwickeln sich die Geschäfte?

? Gibt es in diesem Bereich viele Anfragen von Interessenten?

? Haben Sie in Ihrem Unternehmen/in Ihrer Branche auch die Wirtschaftskrise zu spüren bekommen?

? Wie sind die Prognosen für das Jahr 20XX?

? Macht Ihnen dieser Job Spaß?

? Was macht Ihnen am meisten Spaß an Ihrer Arbeit?

? Sind Sie viel unterwegs?

? Mensch, was hat man denn in Ihrem Job für Arbeitszeiten?

? Das wird bestimmt gut bezahlt, was kann man in so einem Job verdienen?

? Bekommen Sie ein Festgehalt oder Provision?

? Haben Sie starken Wettbewerb/harte Konkurrenz/viele Mitbewerber?

? Gibt es spezielle Schulungen und/oder Ausbildungen für diese Tätigkeit?

? Müssen Sie selbst Kunden akquirieren oder bekommen Sie auch Termine von Ihrer Firma?

Denken Sie immer daran, dass die Antworten auf diese Fragen die perfekte Grundlage für eine geschäftliche Ansprache zu einem späteren Zeitpunkt sein können. Deswegen seien Sie aufmerksam, hören Sie gut hin und notieren Sie sich unbedingt die wichtigsten Informationen, die Sie in diesem Gespräch erhalten.

Wie geht es nun weiter?
Grundsätzlich werden Sie bei solchen Terminen auf Menschen aus den nachfolgenden drei Kategorien treffen.

1) **Vertreter, mit denen Sie irgendwie nicht klarkommen** oder die Ihnen unsympathisch sind! Möglicherweise sind diese Vertreter unpünktlich, unsympathisch, inkompetent o. Ä.!
Ergebnis: Die Chemie zwischen Ihnen beiden stimmt nicht!

2) **Vertreter, die Ihnen sympathisch sind,** die einen super Job machen und die total happy sind mit ihrer aktuellen beruflichen Situation!
Ergebnis: Die Chemie zwischen Ihnen beiden stimmt!

3) **Vertreter, die Ihnen sympathisch sind,** die aber nicht so richtig zufrieden oder vielleicht sogar gänzlich unzufrieden sind mit Ihrem derzeitigen Job oder dem, was sie tun.
Ergebnis: Die Chemie zwischen Ihnen beiden stimmt!

Mit der unter 1) genannten Gruppe werden Sie sich nicht weiter beschäftigen. Ich glaube, es wäre verschwendete Zeit oder ein wenig an den „Haaren herbeigezogen", hier eine geschäftliche Ansprache vorzunehmen.
Die unter 2) und 3) genannten Kollegen fallen unter die Rubrik „positiv" und sind aus meiner Sicht

die idealen Kandidaten für eine weiterführende geschäftliche Ansprache.

Ich persönlich nehme beide Gruppen ins Visier. Die Kollegen, die positiv eingestellt und zufrieden sind, spreche ich genau deswegen an.

Sie sind für mich ideale Gesprächspartner, weil ich sie von Herzen loben, wertschätzen und mich mit ihnen über ihre tolle berufliche Situation freuen kann. Meine Erklärung, warum ich eine geschäftliche Ansprache vornehme, ist die, dass ich genau die „Guten" und Zufriedenen suche, um sie noch besser und zufriedener zu machen.

Ja richtig, ich suche die Besten der Besten, weil ich es mir gar nicht leisten kann, mich mit weniger zufriedenzugeben ;-)!

Die Kollegen, die nicht zufrieden sind, spreche ich genau deswegen an. Dieser Klientel gebe ich folgende Erklärung für meine geschäftliche Ansprache: Ich weiß genau, dass in der freien Wirtschaft viele talentierte und erfolgswillige Menschen arbeiten, die sich in ihrer momentanen beruflichen Situation nicht entfalten, geschweige denn weiterentwickeln können. Ganz klar. Für diejenigen biete ich natürlich

Perspektiven für eine berufliche und finanzielle Verbesserung ;-)!

Ein sehr intelligenter Schachzug in Sachen Beziehungsaufbau wäre es, dem Vertreter am Abend nach dem persönlichen Erstgespräch oder am nächsten Tag noch eine nette E-Mail zu schreiben und sich für das Gespräch und die erhaltenen Informationen zu bedanken.

So etwas ist in der heutigen Zeit alles andere als normal und führt mit Sicherheit dazu, dass Ihre Sympathiecredits steigen.

Übrigens ist aus meiner heutigen Sicht der Beziehungs- und Vertrauensaufbau zu einer fremden Person entscheidend dafür, ob Ihre Information beziehungsweise die geschäftliche Ansprache, die Sie zu einem späteren Zeitpunkt vornehmen werden, angehört werden oder nicht.

Was ich damit meine, möchte ich an dieser Stelle noch kurz erläutern.

Viele Networker fallen oft zu schnell mit der „Tür ins Haus". Sie tragen ihre geschäftliche Ansprache schon vor, obwohl noch kein gutes Vertrauensverhältnis besteht, und minimieren dadurch die Chancen, dass sie angehört und ihre Informationen auch tatsächlich aufgenommen werden. Sie säen quasi, ohne den „Boden" vorher zu pflügen, zu düngen und zu wässern.

Manche Networker sind wie Elefanten im Porzellanladen!

Genauso wie ein Acker perfekt bestellt werden muss, damit die Saat optimal zum Keimen gebracht werden kann, so muss man auch erst eine gute Grundlage schaffen, damit ein Vertrauensverhältnis entsteht.

Eine solche E-Mail könnte so aussehen:

Sehr geehrter Herr / Frau XY,
recht vielen Dank für das angenehme Gespräch mit Ihnen und die Informationen zu Ihrem Produkt / Ihrer Dienstleistung!

Beste Grüße, …

Wer auf XING oder Facebook ist, und das sollte in der heutigen Zeit jeder Networker oder Vertriebler sein, kann den Vertreter auch als Geschäftskontakt oder Freund hinzufügen und die dazugehörige Dankes-E-Mail versenden.

Bitte beachten Sie an dieser Stelle, dass XING eher für den geschäftlichen Bereich zu empfehlen ist, Facebook mehr für den privaten Austausch. Aus meiner Sicht sind aber beide Netzwerke für Networker hochinteressant, da man über beide sozialen Netzwerke höchst unterschiedliche Informationen über einen Menschen erhält.

Wir sagen immer, in XING präsentieren sich die Menschen, wie sie gerne sein möchten. In Facebook erkennt man, wie sie wirklich sind!

Der positive Effekt einer virtuellen Vernetzung ist, dass der Kontakt dann auch auf lange Sicht nicht verloren geht und dass man durch die Detailinformationen in den Profilen ein noch besseres Bild von dem Vertreter bekommt.

Ich sage an dieser Stelle immer, Sie müssen agieren wie der Personalverantwortliche eines großen Industriekonzerns.

Ihr Job sind Personalauswahl und -gewinnung. Je mehr Infos Sie von einem Menschen haben, desto

Jeder ist rekrutierbar, aber nicht von jedem und nicht zu jeder Zeit!

besser können Sie Ihre zukünftige Kommunikation mit ihm steuern.

Sie können Ihrem/r Wunschkandidaten/in dann nämlich die Dinge kommunizieren, die er/sie gut findet, und nicht die, von denen Sie der Meinung sind, dass sie wichtig sind.

Wenn Sie zu den Leuten gehören, denen nicht ganz klar ist, warum man sich auch virtuell mit anderen Menschen verbinden sollte, möchte ich Ihnen jetzt ein gut gehütetes Geheimnis der Networkprofis verraten:

Nicht jeder ist in dem Moment, in dem Sie Ihre geschäftliche Ansprache vornehmen, dafür offen.

Das kann aber in ein paar Tagen, Wochen oder Monaten ganz anders sein. Und dann ist es gut, wenn man über das Internet die Möglichkeit hat, wieder Kontakt aufzunehmen.

Der Rekrutierungsprofi ist quasi „lebensbegleitend" tätig, hält lockeren Kontakt an der „langen Leine", baut die Beziehung immer weiter aus und wartet auf einen „besseren" Zeitpunkt, um eine erneute Ansprache vorzunehmen.

Der „bessere" Zeitpunkt, um jemanden fürs Geschäft zu gewinnen, ist immer der, wenn sich etwas in dessen Leben ändert.

Veränderungen können z. B. sein: berufliche Neuorientierung, Arbeitslosigkeit, gesundheitliche Probleme, Umzug, Familienzuwachs, Heirat, Scheidung, Hausbau oder viele andere Situationen, in denen möglicherweise ein höherer finanzieller Bedarf, eine Umstrukturierung der bisherigen Lebensumstände oder ein Umdenken erforderlich sind.

Immer wenn sich etwas ändert oder ein Mensch „auf der Suche", vielleicht sogar ein bisschen unzufrieden ist, ist die Wahrscheinlichkeit größer, dass er auch ein offenes Ohr für Ihre Informationen hat.

Die geschäftliche Ansprache

Nun kommen wir zu dem Part, auf den Sie mit Sicherheit schon am meisten gespannt sind. Wir nehmen jetzt die geschäftliche Ansprache vor.

Bitte nehmen Sie am zweiten oder dritten Tag nach dem persönlichen Erstgespräch telefonisch Kontakt mit dem Vertreter auf und erklären ihm Folgendes:

1) Terminierungsgespräch für Vertreter aus Kategorie 2 (die beruflich sehr zufrieden sind)

Hallo, Herr / Frau YX,
ich rufe wegen dem Wasserspender an! Im Moment ist es so, dass wir uns noch nicht so sicher sind, ob wir überhaupt so ein Gerät anschaffen, ein Kollege favorisiert doch eher die Variante, einen Getränkelieferservice zu beauftragen … Etc., etc.!

Na ja, nichts für ungut. Allerdings gibt es noch etwas, was ich loswerden möchte. Ich möchte Ihnen ein Kompliment machen. Ich fand Ihre Beratung sehr gut und kompetent. So etwas habe ich wirklich selten erlebt. Ihre Firma kann wirklich stolz darauf sein, solch einen Mitarbeiter wie Sie zu haben.

Ich gehe davon aus, dass Sie beruflich und finanziell recht zufrieden sind, aber ich frage trotzdem einmal.

(*Können Sie sich vorstellen, Ihr Vertriebs-Know-how, Ihre Sozialkompetenz, Ihre Kommunikationsstärke, Ihr Verkaufswissen* (hier die persönliche Stärke des Beraters einsetzen) *auch in einer anderen Branche gewinnbringend einzusetzen …?*

(*Sind Sie mit Ihrer Branche / Firma verheiratet oder wären Sie einem guten beruflichen Angebot oder einer finanziellen Verbesserung gegenüber aufgeschlossen?*

(*Wäre es interessant für Sie, ein zweites geschäftliches Standbein oder einen Top-Zusatzverdienst aufzubauen?*

(*Sind Sie im Moment offen für eine finanzielle Verbesserung oder dafür, beruflich über den Tellerrand hinauszuschauen?*

Warum ich frage …, ganz einfach, ich bin selbstständiger Unternehmer / Repräsentant / Personalverantwortlicher der Firma XYZ, und wir sind gerade dabei, uns hier in der Region geschäftlich zu erweitern.

(Bitte setzen Sie an dieser Stelle Ihre persönliche Elevator Pitch ein).

Jemanden von Ihrem Schlag/Format/mit Ihrem Auftreten/Erfahrungsschatz könnte ich noch gut als Unterstützung in meinem Team gebrauchen! Sind Sie im Moment grundsätzlich offen für einen lukrativen Zusatzverdienst oder eine berufliche Verbesserung?

Ich würde Sie gerne auf ein Gespräch einladen, um Sie persönlich ein bisschen besser kennenzulernen und die Tätigkeit/Aufgaben/Möglichkeiten/Perspektiven in unserem Unternehmen/unserer Firma zu besprechen.

Sie können dann für sich prüfen, ob mein Angebot interessant für Sie ist und ob eine Zusammenarbeit in Ihr aktuelles Lebenskonzept passt. Was halten Sie davon? Wann passt es denn bei Ihnen am besten? Wann sind Sie wieder einmal in der Nähe?

2) Terminierungsgespräch für Vertreter aus der Kategorie 3 (die beruflich unzufrieden sind)

Hallo, Herr XY,
Sie warten mit Sicherheit schon auf meinen Rückruf. Ich hoffe, Sie sind nicht traurig, aber mit dem

Wasserspender wird es im Moment leider nichts. Meine Geschäftspartner haben die Entscheidung noch etwas aufgeschoben.
Allerdings möchte ich mich bei Ihnen für die tolle Beratung bedanken, das haben Sie richtig gut gemacht!

Darf ich Sie bei Gelegenheit noch etwas anderes fragen, denn unser Gespräch von vorgestern ging mir nicht aus dem Kopf. Ich musste irgendwie die ganze Zeit daran denken.

❴ *Sagen Sie mal, wenn das Angebot, die Perspektive und die Konditionen stimmen, wären Sie dann an einem lukrativen Zusatzverdienst interessiert, oder wäre es interessant für Sie, sich beruflich zu verbessern?*

❴ *Sind Sie im Moment offen für eine finanzielle Verbesserung oder dafür, beruflich einmal über den Tellerrand hinauszuschauen?*

❴ *Können Sie sich vorstellen, Ihr Vertriebs-Knowhow, Ihre Sozialkompetenz, Ihre Kommunikationsstärke, Ihr Verkaufswissen* (hier die persönliche Stärke des Beraters einsetzen) *auch in einer anderen Branche gewinnbringend einzusetzen?*

❴ *Sind Sie mit Ihrer Branche/Firma verheiratet oder wären Sie einem guten beruflichen Angebot oder einer finanziellen Verbesserung gegenüber aufgeschlossen?*

❴ *Wäre es interessant für Sie, ein zweites geschäftliches Standbein oder einen Top-Zusatzverdienst aufzubauen?*

Meine Frage hat folgenden Hintergrund: Ich arbeite im Bereich XYZ und bin gerade dabei, für unsere Region ein Team von talentierten neuen Repräsentanten zusammenzustellen. Ich bin tätig für die Firma XYZ, und wir casten in den nächsten Wochen noch Bewerber aus diversen Branchen für die unterschiedlichsten Positionen!

(Bitte setzen Sie an dieser Stelle Ihre persönliche Elevator Pitch ein).

Was halten Sie davon, wenn wir in einem persönlichen Gespräch einmal konkret über die Karriere/Entwicklungsmöglichkeiten in unserem Unternehmen/unserer Firma sprechen? Ich würde mich freuen, Sie noch ein wenig näher kennenzulernen.
Sie können dann für sich prüfen, ob mein Angebot interessant für Sie ist und ob eine Zusammenarbeit

in Ihr aktuelles Lebenskonzept passt. Was halten Sie davon? Wann passt es denn bei Ihnen? Wann sind Sie denn wieder einmal in der Nähe?

ⓘ Tipp für Anfänger:

Gerade wenn Sie diese Vorgehensweise erst für sich testen und ein wenig Routine gewinnen wollen, empfiehlt es sich, die „geschäftliche Ansprache" noch nicht in dem Gespräch/Telefonat vorzubringen, in dem Sie dem Vertreter/Berater bezüglich seines Produktes eine Absage erteilen. Es könnte sein, dass aufgrund seiner Enttäuschung über das nicht zustande gekommene Geschäft Ihre geschäftliche Ansprache nicht den optimalen Nährboden vorfindet. Es ist auch möglich, dass der Vertreter den Eindruck bekommt, dass es Ihnen in Wirklichkeit gar nicht um seine Dienstleistung/sein Produkt gegangen ist, sondern nur darum, ihn für eine andere Geschäftsidee anzuwerben. Sollte dieser Verdacht entstehen, dann läuft das Gespräch auch schnell einmal etwas „unrund"!

Für Anfänger empfiehlt es sich, ein zweites Telefonat einzuplanen und erst ein oder zwei Tage nach der Absage noch einmal durchzurufen, um dann die konkrete geschäftliche Offerte zu platzieren. Das Telefonat könnte sich dann ungefähr so anhören:

Hallo, Herr XY,

Sie erinnern sich, wir haben doch vorgestern telefoniert wegen der / dem ….! Mensch, Sie werden es kaum glauben, aber es gibt einen ganz besonderen Grund, warum ich Sie heute anrufe. Sie haben mich ja so toll / kompetent / fachkundig (hier möglichst ein Kompliment einbauen) *beraten. Ich habe gestern Nacht geträumt, dass ich Sie als Geschäftspartner für mein Unternehmen gewinnen konnte :-)!*
(Pause)

Auf diese Aussage wird Ihr Gesprächspartner lachen oder schmunzeln, und Sie haben seine Sympathie! Jetzt kommt in der Regel die Frage, was Sie machen oder worum es denn geht. An dieser Stelle können Sie genauso weitermachen wie in den beiden o. g. Leitfäden. Sagen Sie, wer Sie sind, was Sie tun und was Sie vorhaben …! Platzieren Sie persönliche Elevator Pitches und versuchen Sie, einen Termin zu vereinbaren.

Wenn Sie nach einiger Zeit ein wenig Gefühl für die Stimmung Ihrer Gesprächspartner haben, wenn Ihre vertriebliche und emotionale Intelligenz gereift ist und Sie routinierter in Gesprächsführung und Argumentation sind, dann können Sie auch dazu übergehen, Ihre Ansprache schon im ersten Telefonat

*Sympathie ersetzt
alle Fakten!*

vorzunehmen. Ob Sie das tun oder ob Sie immer mit einem zweiten Call arbeiten, hängt im Prinzip davon ab, wie viel Zeit Sie zur Verfügung haben, und vor allem, mit welcher Strategie Sie sich selbst am wohlsten fühlen. Es gibt Networker, die holen sich lieber gleich eine Absage und führen danach sofort das nächste Telefonat, sie arbeiten also über Masse, andere wiederum sind etwas subtiler, nehmen sich mehr Zeit und investieren in einen guten Beziehungsaufbau. Bitte entscheiden Sie selbst, mit welcher Variante Sie sich besser fühlen.

Fakt ist, es funktionieren beide.

Auf Grundlage meiner eigenen Erfahrungen und der vieler Vertriebler, die diese Vorgehensweise praktizieren, ergeben sich folgende Quoten:

Wenn Sie drei Vertreter zu sich kommen lassen, werden Sie es mit etwas Übung, einer guten Telefontechnik und mit einem sicheren Argumentationsleitfaden schaffen, einen für ein persönliches Gespräch zum Thema „berufliche Verbesserung", „Zusatzverdienst" oder „Karriere" zu terminieren.
Das bedeutet, dass auf drei Gespräche ein Interessent kommt, den Sie im Nachgang konkret zu Ihrem Thema informieren können!

Vorsicht, Arbeit!

Jetzt liegt es nur noch an Ihnen, in welcher Schlagzahl Sie diese Vorgehensweise praktizieren. Mir persönlich sind Networker bekannt, die am Tag 20 Termine mit Vertretern verschiedenster Branchen vereinbaren und die im Halbstundentakt Berater der unterschiedlichsten Couleur empfangen, um sich deren Produkte vorstellen zu lassen.

Das bedeutet für eine Arbeitswoche von fünf Tagen 100 empfangene Vertreter. Bei der o. g. Quote von 1 : 3 ergeben sich daraus 33 persönliche Gespräche, in denen das Geschäft oder die Produkte präsentiert werden können.

Mir ist natürlich auch bewusst, dass der durchschnittliche Networker bei diesen Zahlen eine Gänsehaut bekommt, diese Quoten unter Umständen gar nicht für realisierbar hält und der Meinung ist, dass das Ganze richtig in Arbeit ausartet.

Korrekt, das ist richtig! Es ist viel Arbeit, aber es kommt auch richtig was dabei heraus!

Für diejenigen, die diese Strategie nur sporadisch nutzen wollen, die noch nebenberuflich arbeiten oder die damit nur Leerlaufzeiten puffern möchten, sei an dieser Stelle noch eine etwas konservativere Rechnung aufgestellt. Wenn Sie pro Woche alternativ zu den Aktivitäten, die Sie sowieso an den Tag legen, „nur" neun Vertreter kommen lassen, dann bedeutet das, dass Sie aus diesen neun Kontakten im Nachgang drei Berater auf ein konkretes Gespräch terminieren können.

Sagen wir mal, von diesen drei Terminen erscheinen tatsächlich bloß zwei zum Gespräch, dann sind das pro Monat aus dieser alternativen „Quelle" acht (!) durchgeführte Gespräche.

Bei acht durchgeführten Gesprächen gehe ich einmal davon aus, dass Sie vielleicht zwei, möglicherweise aber auch nur einen dieser acht Gesprächspartner für Ihr Business gewinnen und einschreiben.

Wenn man bedenkt, dass der Großteil aller Networker davon träumt, jeden Monat kontinuierlich auch nur einen neuen Partner einzuschreiben, dürfte selbst diese Zahl ein motivierendes Ergebnis sein.

ⓘ Profitipp:

Vielleicht arbeiten Sie in Zukunft sogar richtig strukturiert und richten sich pro Woche einen kompletten Nachmittag ein, z. B. Donnerstag von 14 bis 18 Uhr, um Vertreter aus den verschiedensten Branchen zu empfangen. Der Vorteil an dieser Vorgehensweise ist, dass Ihre Wochenplanung nicht von den unterschiedlichsten Aktivitäten zerrissen wird und Sie sich bei der Terminierung auf einen Tag oder Nachmittag konzentrieren können. Das Ganze läuft somit wesentlich effizienter ab, als wenn Sie jeden Tag einen Berater zu sich bestellen.

Zum Schluss sei an dieser Stelle noch angemerkt, dass Ihrer Fantasie bei dieser Vorgehensweise keine Grenzen gesetzt sind, Sie sich aber grundsätzlich schon einmal im Vorfeld Gedanken darüber machen können, welche Repräsentanten für Sie und Ihr Business besonders geeignet sein können!

Rekrutieren Sie bevorzugt „hohe Wahrscheinlichkeiten"!

Tipps für die Rekrutierung

Falls Sie im Geldgeschäft arbeiten, ergibt es durchaus Sinn, sich mit Vertretern von Banken oder aus dem Energiesektor zu treffen.

Hier besteht mit Sicherheit schon eine gute Affinität zu Zahlen, Daten und Fakten.

Falls Wellness, Anti-Aging oder Nahrungsergänzung Ihre Themen sind, ist vielleicht eher der Personal Fitnesstrainer oder ein Ernähungscoach geeignet, und falls Sie Kosmetik oder Mode im Network vertreiben, dann könnte die mobile Friseurin oder Kosmetikerin eher geeignet sein als der Immobilienberater.

Prüfen Sie schon vorab, wo Ihre Chancen branchenbedingt am größten sind, rekrutieren Sie zuerst die höchsten Wahrscheinlichkeiten und fangen Sie mit Berufsgruppen an, bei denen die größte „Nähe" zu Ihrem Business besteht.

In diesen Gesprächen können Sie erste Erfahrungen sammeln, sich in der Anwerbung trainieren und sich danach Schritt für Schritt in andere, vielleicht auch thematisch weiter entfernte Vertretergruppen vortasten.

Irgendwann wird für Sie wahrscheinlich nur noch eines interessant sein, nämlich ob Ihr Gesprächspartner in irgendeiner Form Vertreter, Außendienstler oder Berater ist.

Warum?
Weil Sie wissen, dass diese Berufsstände davon leben, andere Menschen zu begeistern und zu überzeugen, und das sind genau die wichtigen Fähigkeiten, die auch zukünftige Mitglieder Ihres Teams im Network haben sollten.

Nachstehend eine kleine Aufstellung von Kollegen, die für Sie in Zukunft sehr interessant sein könnten:

- Kaffeeautomatenaufsteller/-vertreter
- Energieberater
- Vertreter für Bürobedarf (Kopierer, Faxe etc.)
- Berater, die IT-Lösungen anbieten
- Vertreter, die Werbung/Aufsteller o. Ä. verkaufen
- Weinverkäufer/-händler
- Wasserspendervertreter
- Vertreter für Telefonservices
- mobile Berater von Banken
- Vertreter, die Automaten mit Süßigkeiten aufstellen

- Personal Trainer
- Promoter
- Versicherungsvertreter
- Bausparberater
- Selbstständige Sprachlehrer / Nachhilfelehrer
- Vertreter von Putzdiensten / Reinigungsfirmen
- Vertreter, die Hygieneservices anbieten
- Vertreter, die Zeitungsabonnements anbieten
- Vertreter für Sicherheitsanlagen
- Immobilienberater
- Hausverkäufer
- Vertreter für Solaranlagen
- Außendienstler von Krankenkassen
- Vertreter für Haus- und Gartenbedarf
- mobiles Nagelstudio / Friseure
- mobile Massage
- Hausmeisterservice / Grundstückspflege
- Vertreter für Zeitungsabonnements
- Buchvertreter
- Verkäufer von Lexika
- mobile PC-Notdienste

Mit Sicherheit ist die Liste der möglichen Gesprächspartner noch um einiges länger.
Wenn Sie mit diesen Gruppen anfangen, dürfte Ihr
Job jedoch für mindestens sechs Monate gesichert
sein.

ⓘ Ein kleiner Tipp noch zum Abschluss:

Falls Sie schon im sozialen Businessnetzwerk XING angemeldet sind, können Sie die oben genannten Berufsgruppen alternativ zu Google und Branchenbuch auch über die dortige Suchfunktion sehr präzise und zeitsparend ausfindig machen und kontaktieren. Ich empfehle, mit Ihrem persönlichen Anliegen gleich einen Kontaktwunsch mitzusenden.

ⓘ Beispiel:

Hallo, Herr / Frau XY,
ich interessiere mich für die von Ihnen angebotene Dienstleistung und habe einige Fragen. Wie kann ich Sie telefonisch am besten erreichen? Gleichzeitig würde ich Sie gerne zu meinem Kontaktnetzwerk hinzufügen.

Ich freue mich, von Ihnen zu hören.

Beste Grüße, …

In der Regel wird dieser Kontaktwunsch auch sehr schnell bestätigt werden, denn es gibt nur sehr wenige Vertreter, die nicht prompt reagieren, wenn ein potenzieller Kunde mit Auftrag „droht" :-). Bitte halten Sie sich auch hier mit den geschäftlichen Offerten unbedingt zurück und denken Sie immer daran, mit Stil und Niveau zu agieren.

Eine gute, alte Regel im Network-Marketing und Strukturvertrieb besagt nämlich:

Wenn die Chemie stimmt, dann stimmen auch die Zahlen!

Nachwort

Liebe Networkerin, lieber Networker,
Sie haben nun ein weiteres Instrument aus der Rekrutierungstrickkiste der Networkprofis kennengelernt, welches Ihnen dabei helfen wird, Kontakte zu Menschen aufzubauen, die einer sehr interessanten Zielgruppe für Network-Marketing angehören.

Seien Sie sich aber an dieser Stelle bewusst, dass selbst die effektivsten Werkzeuge nur dann befriedigende Ergebnisse produzieren werden, wenn Sie richtig und vor allem oft genug zum Einsatz gebracht werden.

Deshalb möchte ich an dieser Stelle noch die Gelegenheit nutzen, Ihnen eine kleine Zielvorgabe mit auf den Weg zu geben.
Nehmen Sie sich doch einmal einen begrenzten Zeitraum von sechs Monaten und setzen Sie sich als Ziel, pro Woche mit nur drei Vertretern aus den unterschiedlichsten Bereichen zu sprechen.
Das ist nicht viel und kann selbst von einem Nebenberufler zeitlich mühelos umgesetzt werden.

Sollten Sie die Konsequenz besitzen, nicht schon nach der ersten oder zweiten Woche wieder aufzuhören, sondern wirklich ein halbes Jahr lang diesen Weg zu gehen, dann werden Sie nach sechs Monaten mit 72 Vertretern gesprochen haben. Bei unserer anfangs erwähnten Quote von 1 : 2 werden Sie von diesen 72 mit 36 nochmals ein persönliches Nachfolgegespräch führen, um Produkt und Geschäftsidee zu präsentieren.

Von diesen 36 werden Sie mit großer Sicherheit einige für Ihren Weg begeistern können.

Wenn Sie eine Sponsorquote von 1 : 4 haben, sind es neun. Wenn Sie eine Sponsorquote von 1 : 6 haben, sind es „nur" sechs!

Vielleicht sind Sie aber auch viel besser?

Das wünsche ich Ihnen von ganzem Herzen und freue mich jederzeit, von Ihnen und Ihren Erfolgen zu hören!

Kontaktstark grüßt Sie
Ihr Rekru-Tier

Direktkontakt-Profis aus Leidenschaft ...

Direktkontakt ist eigentlich die natürlichste Art der Kontaktaufnahme von Mensch zu Mensch. Doch warum fällt uns dieser Weg heutzutage so schwer, warum schaffen es nur so wenige, ein großes Network-Marketing aufzubauen?

REKRU-TIER beschäftigt sich seit vielen Jahren mit den Themen **Direktkontakt, Fremdkontakt und Direct Recruiting,** insbesondere **für MLM und Strukturvertriebe.** Ihr Wissen aus über 80 000 Direktkontakten geben unsere Trainer in **Workshops, Schulungen / Seminaren** und in ihren **Büchern** weiter.

Die **REKRU-TIER-Methode** begeistert und erweist sich immer wieder als ein unschlagbares Erfolgskonzept.

... unterstützen Sie beim Aufbau Ihres Kontaktnetzwerks

WWW.REKRUTIER.DE

Mehr Erfolg mit den Tools aus unserer Trickkiste!

In der Reihe **REKRU-TIER MLM Trickkiste** außerdem erschienen:

Band 2: Guter Bulle, böser Bulle – Die Magie der zwei gegensätzlichen Emotionen. ISBN 978-3-941412-26-2

Band 3: Lass dich ansprechen! – Spielend leicht Kontakte gewinnen mit T-Shirt-Werbung. ISBN 978-3-941412-31-6

Band 4: Tiefenduplikation – So machen Sie Ihren Partnern richtig Feuer unter dem Hintern. ISBN 978-3-941412-32-3

Band 5: Geheime Fragetechniken für Networker – So entlocken Sie Ihrem Interessenten ALLES! ISBN 978-3-941412-33-0

Band 6: Repräsentieren hilft beim Rekrutieren – Wie Sie durch ein perfektes Image Ihre Erfolgschancen dramatisch verbessern! ISBN 978-3-941412-38-5

Band 7: Rekrutierungsparadies Messe – Wie Sie rausholen, was rauszuholen geht! ISBN 978-3-941412-39-2

Networker ohne Vertriebspartner?

Das A und O für jeden erfolgreichen Networker ist es, ein großes Team aufzubauen. In der Praxis oft gar keine so einfache Aufgabe: Wie und wo finde ich die richtigen Leute?

REKRU-TIER hat die besten Ideen dazu für Sie gesammelt und niedergeschrieben.

Sie erhalten komplett kostenlos alle drei Tage per E-Mail einen Tipp, wo / wie und in welcher Situation Sie an neue Geschäftspartner kommen.

Garantiert ist für jeden Networkertyp der ideale Ansatz dabei! Sie brauchen die Ideen nur noch umzusetzen …

Mit uns und unseren Gratistipps kein Thema!

Melden Sie sich an unter
WWW.99SPONSORTIPPS.DE

Bibliografische Information der Deutschen Nationalbibliothek:
Die Deutsche Nationalbibliothek verzeichnet diese Publikation
in der Deutschen Nationalbibliografie; detaillierte bibliografische Daten sind im Internet abrufbar über
http://dnb.d-nb.de

ISBN 978-3-941412-23-1

Impressum:

Verlag:
REKRU-TIER GmbH, München
www.rekrutier.de

Autor: Rekru-Tier
Covergestaltung: REKRU-TIER GmbH, München
Lektorat: Ute König, Kitzingen, und Bernhard Edlmann,
Raubling
Innenlayout und Satz: Bernhard Edlmann Verlagsdienst-
leistungen, Raubling

3. Auflage